AF245996

Conserver la Couverture

110701

27
Ln 10420

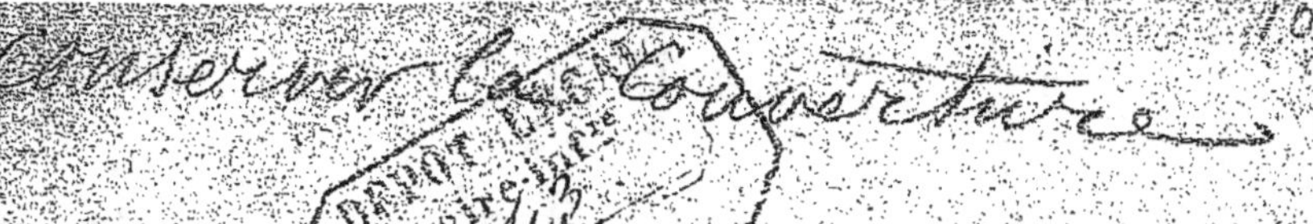

ORAISON FUNÈBRE

DE

M. LE MARQUIS DE LA BRETESCHE

PRONONCÉE

DANS L'ÉGLISE DE TORFOU

Par M. AUDRAIN, Curé de Saint-Pierre,

Le 1ᵉʳ Décembre 1859.

NANTES,

IMPRIMERIE DE Mᵐᵉ Vᵉ CAMILLE MELLINET, PLACE DU PILORI, 5.

—

1860

ORAISON FUNÈBRE

DE M. LE MARQUIS DE LA BRETESCHE

1860

ORAISON FUNÈBRE

DE

M. LE MARQUIS DE LA BRETESCHE

Prononcée dans l'Eglise de Torfou,

Par M. AUDRAIN, Curé de Saint-Pierre,

Le 1ᵉʳ Décembre 1859.

———

Viæ ejus viæ pulchræ, et semitæ illius pacificæ.
Ses voies ont été belles et ses sentiers pleins de paix.
Prov. 3. 17.

Mes Frères,

La chaire sacrée où vous me voyez n'est pas une tribune élevée pour faire entendre de vains éloges, pour honorer des vertus purement humaines, moins encore pour décerner de pompeuses louanges à qui ne brilla sur cette terre que par l'éclat du rang et de la puissance, sans laisser après lui aucun souvenir de sainteté ou de bonnes œuvres. Je n'ai pas oublié en y montant qu'elle est appelée et qu'elle est en effet la chaire de vérité, établie pour célébrer les grandeurs de Dieu, les prodiges de sa miséricorde, la magnificence de ses promesses. Mais je n'ai pas oublié non plus qu'on loue Dieu en exaltant les merveilles de sa grâce. C'est sa sainteté qui reluit dans ses amis. Parler d'eux avec éloge, recueillir le bien qu'ils ont opéré, faire entendre autour de leur cercueil le récit de leurs mérites, immortaliser autant que possible leur mémoire bénie, n'est-ce pas tout à la fois leur payer un juste tribut de reconnaissance, glorifier Dieu qui les a sanctifiés, et donner à ceux qui les pleurent la plus légitime, la plus solide et la plus pure consolation ?

Je me souviens, d'un autre côté, que je n'ai point à mettre devant vos yeux de brillants exploits, une carrière semée d'œuvres éclatantes, qui semblent commander la pompe du discours par la splendeur des choses. Je n'ai à présenter que des vertus modestes, une vie simple, unie, mais rayonnante de beauté aux yeux de la foi, des sentiers parfumés de douceur et de paix. Aussi louerai-je sans pompe celui qui a vécu sans ostentation et sans faste. Mon héros doit paraître dans ce discours tel qu'il fut au milieu de vous. Le luxe de louange défigurerait le pieux, l'humble chrétien, le loyal chevalier, le beau modèle de toutes les vertus que je viens offrir à votre imitation en la personne de très-noble seigneur Philippe-François Jousseaume, marquis de la Bretesche.

C'est sans doute de la sagesse éternelle que parle le Saint-Esprit dans la pensée de mon texte ; car les voies de Dieu seul peuvent être appelées belles dans toute la vérité de l'expression, puisque les œuvres du Seigneur seul sont grandes et parfaites, ses vues admirables, et non moins dignes d'étonnement et de louange les moyens par lesquels il les accomplit. A vous seul en effet, ô mon Dieu ! appartient la grandeur, la puissance, la majesté, la sainteté, la beauté sans tache, l'inaltérable perfection : *Viæ ejus viæ pulchræ.*

Si nous descendons de ces hauteurs inaccessibles avec le Verbe fait chair ; si nous contemplons la sagesse éternelle incarnée pour sauver le monde et conversant avec les hommes ; si nous suivons les pas de cet adorable maître, non seulement quand il commande aux éléments et qu'il appelle les morts du sein du tombeau, mais aussi quand il répand partout les dons de sa charité, *pertransiit benefaciendo et sanando omnes,* nous avons besoin de nous écrier : que ses voies sont belles! quelle douceur, quelle condescendance, quelle sainteté inattaquable à ses ennemis les plus furieux! quelle patience, quelle compassion pour les faibles, quel amour des petits et des pauvres! quelle humilité! quel oubli de soi-même! *viæ ejus viæ pulchræ.*

Mais qu'ai-je donc fait en appliquant au serviteur ces paroles divines si manifestement écrites pour le Maître? Mes frères, n'en soyez ni scandalisés, ni surpris. Car le vrai chrétien, le disciple de l'Evangile n'est-il pas comme un autre J.-C. : *Christianus quasi alter Christus,* une copie plus ou moins imparfaite du divin modèle? Oui, il en est ainsi. La consommation du juste dans la sainteté n'est pas autre chose, dit l'Apôtre, que la destruction du vieil homme et la création du nouveau, c'est-à-dire la transformation de notre nature misérable en la ressemblance de J.-C. Il en résulte que ce qui est écrit du divin original est vrai proportionnellement et peut être dit de tous ceux qui l'imitent.

Dans cette mesure et suivant ce principe incontestable, je n'ai pas hésité à caractériser notre pieux défunt par ces simples et touchantes paroles : *Viæ ejus viæ pulchræ.* Oh! quelles sont belles en effet les voies qu'il a suivies sur les traces de son divin maître, non dans l'éclat et le bruit, mais dans le silence, dans le secret et la simplicité de son cœur! Comme point de départ de toute la carrière, comme fondement de tout l'édifice, voyez sa foi si sincère, si vive, si agissante. C'est l'âme qui pénètre tout, qui vivifie tout, qui règle ses pensées, ses discours. Qui se montra jamais plus convaincu des vérités révélées? Qui fut plus soumis à l'Eglise, plus docile à ses enseignements? N'allez pas chercher ailleurs que dans sa foi le principe de ses actions, la règle et la mesure de ses sentiments, le motif de ses craintes ou de ses espérances, le secret de son inaltérable fidélité à ses convictions, et à toutes les lois de la loyauté et de l'honneur. Cette foi chaque jour plus forte frappait tous ceux qui le voyaient ou agenouillé si fréquemment à la table sainte, ou absorbé devant Dieu pendant l'action de grâces, comme s'il n'avait plus eu ni d'yeux pour voir ni d'oreilles pour entendre ce qui se passait autour de lui. Je n'insiste pas, mes frères, vous avez contemplé le beau spectacle que je rappelle, et vous en êtes encore tout émus.

De cette foi, comme d'une tige bénie et féconde, sortait un désir ardent de biens éternels, et une ferme espérance de les posséder. Oh! mes frères, quand on puise dans la foi ses appréciations ; quand on n'estime que ce qu'elle nous apprend à estimer, on porte avidement ses regards vers les trésors impérissables; on les désire de toute l'ardeur de son âme ; il n'est point d'efforts qu'on ne tente ni de sacrifices qu'on n'accomplisse pour s'en assurer la possession. Mais quand on les a sincèrement souhaités pendant toute sa vie, quand on les a achetés par ses aumônes, quelle douce paix on goûte au moment de les saisir enfin ! Cette paix a été la vôtre, ô pieux et fidèle serviteur ! Loin de vous plaindre de vos souffrances vous les bénissiez ; vous y trouviez un gage de la béatitude, objet constant de votre espérance. Vous voyiez sans regret les progrès de la maladie ; vous ne vous abusiez pas sur son issue prochaine ; vous ne compreniez pas qu'on voulût vous rassurer et vous inspirer un espoir impossible, et si vous ne disiez pas tout ce que votre âme éprouvait de joie à l'aspect d'un trépas inévitable, c'est que vous ne vouliez pas ravir à une épouse si constamment aimée et à des enfants si dignes de votre tendresse les douces illusions qu'ils nourrissaient encore et leur faire éprouver d'avance la douleur de vous perdre. Mais le secret de votre cœur s'épanchait, dès qu'il le pouvait faire, loin de votre famille. Vous aviez besoin de parler de votre bonheur, comme le voyageur près d'arriver au terme d'une longue course. Le souvenir de vos fautes venait bien quelquefois mêler quelque amertume à cette joie du départ, mais la vue des divines miséricordes ne tardait pas à ramener le calme et la sérénité de la confiance.

Et comment ne l'aurait-il pas eu cette confiance, celui qui s'était toujours montré si bon et si miséricordieux envers ses frères? Vous le savez, c'est l'assurance que nous donne la promesse du Sauveur : *Bien heureux les miséricordieux, ils obtiendront miséricorde.* Quelques dettes qu'ils aient contractées, ils en obtiendront la remise, si eux-mêmes ils ont été prompts à pardonner, faciles à oublier, généreux à soulager. Or, chrétiens, c'est ici que se déroule devant nos yeux toute une vie de charité : *Viæ ejus viæ pulchræ.* Charité qui excuse, charité qui se tait sur les désordres du prochain, qui ne peut entendre, sans douleur, les révélations ou les censures de la médisance ; charité qui ne juge ni ne condamne personne; charité qui ne scrute jamais les intentions pour détruire le mérite des œuvres ; qui excuse au contraire les œuvres en les supposant toujours produites par les plus louables intentions. Et en même temps charité active, féconde, à laquelle n'échappe aucune souffrance, aucune affliction, aucune entreprise de zèle ou de miséricorde. En effet, quelle souscription n'a-t-il pas accueillie ? quelle association de bienfaisance n'a-t-il pas secondée, soutenue ? A la campagne, à la ville, sa main, ou plutôt son cœur est partout. Pauvres qu'il a vêtus, infirmes qu'il a soulagés, orphelins à qui ses aumônes ont procuré un asile, veuves délaissées qui n'ont jamais en vain imploré son appui, glorieux débris des phalanges fidèles dont il a nourri la vieillesse et honoré les nobles cicatrices ; infortunés de tous les rangs et de tous les âges qui ne l'avez connu que par ses bienfaits, si ma voix pouvait vous réunir, quel concert d'actions de grâces et de bénédictions vous feriez entendre ? Mais, que dis-je ? A la nouvelle des dangers que courait cette vie si généreuse, et surtout lorsque retentit comme un coup de foudre à vos oreilles cette désolante parole : M. le marquis de la Bretesche est mort ! nous avons vu votre douleur, vos larmes amères ; nous avons entendu vos voix entrecoupées de sanglots redire ses bontés, ses sacrifices, son cœur plus heureux de vous venir en aide, que vous-mêmes de recevoir ses dons.

Un des fruits les plus purs et les plus délicats de la charité, le moins remarqué peut-être, et pourtant le plus remarquable en nos jours, c'est la sollicitude paternelle du maître envers ceux dont les sueurs fécondent ses champs. Hélas ! elle a presque entièrement disparu cette modération compatissante qui se contente d'une redevance raisonnable, qui laisse partager le bien-être aux cultivateurs des domaines, qui, les regardant comme une portion de la famille, n'est pas jaloux de leur prospérité, et se croit justement plus riche de leur aisance, de leur sécurité et de leur gratitude que de l'accroissement de ses revenus. O honte de nos jours ! ô exaction sans entrailles ! ô rigueur et oppression toujours croissante, qui mène par la douleur et le désespoir aux plus redoutables résultats ! Quelle gloire pour notre charitable défunt d'avoir résisté à cet entraînement, de s'être attaché tous les cœurs et d'être béni dans toutes les familles, dont il s'est montré constamment le protecteur et l'ami. Les fils ont succédé à leurs pères sur les mêmes sillons, sans autre changement dans les conditions de leurs services que celui dont ils reconnaissaient eux-mêmes l'irrécusable convenance. La vie plus douce a maintenu la pureté des mœurs. En vieillissant sous le même toit, sûrs de le laisser aux héritiers de leur nom et de leurs travaux, les pères ont vu croître autour d'eux des émules de leur probité, de leur foi, de leur reconnaissance, de leur fidélité au devoir et à toutes les vertus. *Viæ ejus pulchræ.*

Ajouterai-je, mes frères, que le fondement inébranlable de toutes ces vertus était une humilité sincère et profonde ? Mais pourquoi ne l'ajouterais-je pas, quand tous ceux qui ont connu notre pieux défunt savent et publient que la modestie, la défiance de lui-même, une réserve poussée jusqu'aux apparences d'une excessive timidité formaient comme son caractère distinctif. Tel, en effet, nous l'avons vu, véritablement humble de cœur, petit à ses propres yeux, fuyant les applaudissements et jusqu'à l'attention des hommes ; heureux dans la solitude, dans l'intimité de la famille, cachant sous ces dehors peu avantageux de vrais trésors d'instruction, de bon sens, d'amabilité, surtout des richesses de cœur incomparables. L'étude de lui-même, la sainte habitude de la prière et de la méditation que rien au monde, ni les affaires, ni les départs aux heures les plus matinales, ne lui pouvaient faire omettre, nourrissaient et augmentaient de plus en plus en lui cette connaissance du néant de l'homme et ce profond mépris de tout ce qui ne va qu'à flatter sa vanité. De cette conviction intime sortait, comme une fleur de sa tige, je ne sais quel embarras craintif qui donnait souvent le change aux observateurs inattentifs ou trop prompts à le juger. Ah ! si l'on avait pu croire que ce cœur humble et doux manquait de fermeté et de vaillance, pont de Roche-Servière, où il étonna les plus braves par son intrépidité, où il demeura seul après la retraite de tous les autres , vous attesteriez au besoin que la valeur n'est pas incompatible avec la modestie , et que l'humilité du vrai chrétien n'exclut pas la valeur qui fait les héros.

Je rappelle à regret cette douloureuse rencontre où les Français n'avaient pas d'autres adversaires que des Français ; mais je ne puis, pour l'honneur de l'homme si franchement pieux que nous pleurons, taire un trait de bravoure d'autant plus admirable qu'il était plus complètement désintéressé. Soldat de l'honneur et du devoir que lui imposaient ses convictions, il n'eût voulu en aucune sorte de l'éclat du commandement. Etranger aux illusions de l'ambition et de la gloire, il ne réclamait que sa part du dévouement et du sacrifice, prêt à rentrer avec bonheur dans l'obscurité, une fois le devoir rempli.

On peut dire que le besoin le plus pressant de cette belle âme était de se cacher, de se faire oublier. Ce qu'elle accomplissait de bien, ce qu'elle multipliait de bonnes œuvres, elle eût voulu, selon le conseil du divin Maître, le dérober à tous les regards, à tous les souvenirs, à tous les remercîments, et que sa main gauche elle-même ignorât les dons versés par la droite. Mais Dieu ne l'a pas permis. La violette a beau cacher sous les grandes herbes sa modeste tige, son parfum la trahit. Ainsi, malgré les soins de notre héros, son humilité n'a soustrait à l'admiration de ses amis qu'une partie de ses charitables largesses ; assez pour lui laisser le mérite de les avoir voulu enfouir, mais pas assez pour ôter à sa mémoire le double parfum de la charité et de la modestie. *Viæ ejus viæ pulchræ.*

L'étroite union de ces paroles dans le texte sacré avec les suivantes : *et semitæ illius pacificæ,* tous ses sentiers sont remplis de paix, indique déjà que l'homme de foi, d'espérance inébranlable, de prière assidue, de charité non feinte et de profonde humilité, ne manque jamais d'être un homme de concorde, de douceur et de paix. Tel aussi vous vous êtes déjà représenté, ou plutôt tel vous vous êtes rappelé celui dont notre discours ne peut peindre que bien imparfaitement le cœur bienveillant et si constamment pacifique. Hâtons-nous de dire que tel est le signe des enfants de Dieu, l'admirable caractère que le divin Maître leur assigne : *Beati pacifici, quoniam filii Dei vocabuntur,* et, par cette raison, ne doutons pas un instant que l'âme marquée de ce signe sacré ne reçoive, dans la gloire céleste, l'héritage promis aux vrais enfants.

Invoquez donc ici vos souvenirs, ô vous qui l'avez connu, vous surtout qui l'avez vu de plus près, qui avez lu dans son cœur; remontez le cours de cette belle vie ; rappelez les phases diverses de cette existence à laquelle les épreuves n'ont pas manqué, et voyez s'il s'y est rencontré, de sa part, autre chose que des désirs de paix, des efforts constants, des sacrifices généreux pour la procurer ou pour la maintenir.

On dit souvent que si tous les hommes suivaient les lois d'une exacte justice, si la convoitise ne jetait pas parmi les proches eux-mêmes les défiances, les jalousies, la paix régnerait entre eux ; le retentissement affligeant des procès ne viendrait pas tous les jours désoler les bons et réjouir la malignité des ennemis de tout bien ; rien de plus vrai. Cependant, je crois que la stricte équité toute seule ne tarirait pas entièrement cette source empestée de dissensions et de luttes judiciaires. Appuyé sur le droit rigoureux, qui n'est pas toujours évident, ou abusé par la prévention et les faux-jours, plus d'un chrétien, même de bonne foi, poursuivrait ses prétentions avec une ardeur déplorable. L'amour de la justice deviendrait en quelque sorte le principe et l'aliment des contestations. Divin Sauveur, médecin charitable de notre pauvre nature, vous connaissiez trop bien la profondeur de ses plaies pour ne pas lui en indiquer l'infaillible remède. C'est pourquoi vous avez dit : Si l'on vous frappe sur la joue droite, n'hésitez pas à présenter la gauche à de nouveaux coups, et si l'on vous ravit votre manteau, ne défendez pas même le reste de votre vêtement.

Heureux donc l'homme patient et pacifique qui pratique à la lettre ce conseil du souverain Maître ; il met véritablement la cognée à la racine de l'arbre, et coupe court à tous les débats. C'est votre gloire, ô généreux chrétien. Vous n'avez pas cru la pouvoir acheter trop cher. La paix de votre conscience, l'édification du prochain, l'estime de vos adversaires eux-mêmes, vous ont bien dédommagé de la perte de quelques avantages périssables. Mais c'est à cette heure surtout que vous en recevez le prix de la main de Dieu, à qui seul vous avez voulu plaire : *Semitæ illius pacificæ.*

Mes frères, cet inépuisable amour de la paix doit suffire à vous faire comprendre quelle félicité a dû produire au foyer domestique un époux, un père de ce caractère admirable. Douceur inaltérable de ton, aménité constante de manières, langage toujours calme et affectueux, silence plein de sagesse, tout contribuait à maintenir le calme, la paix, les rapports les plus aimables, la plus constante et la plus vive émulation de prévenances, de soins empressés, d'attentions délicates et tendres. Aussi, pendant près de cinquante ans qu'a duré l'union la plus étroite et la plus fortunée, qui pourrait dire qu'un seul nuage se soit élevé pour en altérer la sérénité. Il est vrai, ce bonheur n'est pas dû à notre cher défunt tout seul. Il est juste de publier du haut de cette chaire combien, par sa tendresse, par une constante abnégation d'elle-même, par un dévouement si exemplaire à l'éducation de ses enfants, la noble et pieuse compagne de **M.** le marquis de la Bretesche a contribué au bonheur de cette union incomparable; sainte alliance dont chaque jour resserrait les nœuds! la communauté de foi, de piété, de charité qui la fortifiait sans cesse, en augmentait constamment le charme. Où le souffle des passions ne se fait jamais sentir, quel orage pourrait s'élever? Epoux vraiment unis dans le Seigneur, une seule douleur, à peu près inévitable sur cette terre, mais la plus accablante, pouvait mettre un terme à votre chrétienne félicité; vous l'avez ressentie, l'un en quittant la compagne de sa longue carrière, l'autre en survivant au meilleur et au plus aimé des époux. A l'un ce sacrifice le plus sensible peut-être qui pût lui être demandé, a achevé de donner le lustre et comme le dernier fini, dit Bossuet, que les grandes peines ajoutent aux grandes vertus; à l'autre il laisse un vide immense, une source de souffrance, une croix de tous les jours, pour la purifier et enrichir des plus grands mérites les derniers jours de son pèlerinage.

L'homme *doux de cœur* et vraiment *pacifique* dont nous rappelons devant vous les glorieux sentiers, n'a pas possédé cette terre où s'agitent dans la souffrance les enfants d'Adam. Il n'y a pas recueilli pour récompense de ses vertus l'agrandissement du domaine de ses pères; jamais non plus ce ne fut l'ambition de cette grande âme. Ni il ne songea à accroître par des économies l'étendue de ses champs, ni il n'eut, comme tant d'autres, la pensée presque toujours ruineuse de demander aux spéculations les gains qu'elles donnent si rarement. Assez riche de l'héritage de ses aïeux, il regarda comme une dette sacrée acquise aux pauvres ce que les besoins et les convenances de son rang ne l'avaient pas obligé à dépenser. D'un autre côté, il croyait au dessous de la modération chrétienne, comme de la dignité du gentilhomme, d'exposer dans les entreprises si hasardées et si recherchées aujourd'hui, je ne dis pas une portion du fonds patrimonial, mais la moindre partie de ses revenus.

Une récompense plus magnifique lui était réservée. Il l'a goûtée dans ses enfants. Jamais père n'a été plus heureux. Héritiers de sa foi, de sa bonté, de sa piété sincère, émules de ses goûts, doux envers lui comme il le fut toujours à leur égard, ils ont grandi sous ses yeux dans la pratique des mêmes vertus, dont il leur rendait si facile le saint apprentissage. Nobles fleurons, ils ont été sa couronne riche de l'estime de tous. Ils ont fait sa joie, la gloire et la félicité de ses vieux jours. Ils l'ont environné, durant ses longues souffrances, de leurs soins pieux, de leurs veilles, lui rendant eux-mêmes tous les services, heureux de payer en respect filial, en assiduité tendre et infatigable ce qu'ils avaient reçu si constamment d'amour et de dévouement paternel.

Et pour que rien ne manquât dès cette vie à la consolation de ce juste, les alliances de sa famille lui avaient donné d'autres enfants, émules des premiers par le respect et la tendresse, comme par la solidité de la foi et la dignité des sentiments. Ah! nous en avons la ferme espérance, aucune désunion ne viendra séparer des rameaux si bien faits les uns pour les autres. Le faisceau qui s'est resserré encore auprès de la couche du père commun, en recevant sa bénédiction dernière, produira d'âge en âge des rejetons dignes de sa glorieuse souche, pour l'honneur de leur beau nom, la consolation de l'Eglise et l'édification des âmes. Enfants, petits enfants, aimeront à se rappeler une vie si belle et si pure. Ils la transmettront, comme un précieux héritage, à leur postérité. Surtout ils ne manqueront pas de redire avec quelle fermeté d'âme M. le marquis de la Bretesche a vu ses derniers moments approcher ; dans quels vifs et tendres sentiments de foi, d'amour et de confiance, il a terminé sa carrière si pleine de toute sorte de mérite. Sainte mort qui met le sceau à une vie sainte, gage précieux de la céleste béatitude, la plus solide des consolations dans les douleurs d'une perte si profondément sentie !

Vénérable pasteur, achevez le saint sacrifice. Nulle crainte ne saurait altérer ici la confiance de vos prières. Vos mains tremblantes de respect et d'amour au moment où vous éleverez la victime sans tache, ne seront point agitées par des appréhensions cruelles. Hélas ! la divine Hostie est trop souvent offerte pour des hommes dont la vie désolante, dont la pénitence si douteuse à leurs derniers instants font trembler pour leur sort éternel et pour l'inutilité de l'oblation adorable. Souvent ceux qu'on loue, dit saint Augustin, où ils ne sont plus, sont livrés à d'affreux supplices là où ils sont. *Laudantur ubi non sunt, torquentur ubi sunt.* A quoi bon les prières et les œuvres saintes pour ceux que la justice éternelle a frappés ? Les gémissements de la charité sont aussi impuissants à les tirer de l'abîme que les larmes, les représentations et les exemples ont été impuissants à les convertir. Zélé pasteur, votre cœur n'a point à ressentir ici cette inexprimable angoisse. Vous priez pour une âme fidèle, qui s'est hâtée d'amasser des trésors là *où la rouille, les voleurs et les insectes* dévorants *ne sauraient les atteindre.* Par le sang de l'agneau crucifié, demandez pour elle avec confiance l'entrée *du séjour des rafraîchissements de la lumière et de la paix.* Demandez, car malgré tant de vertus si fidèlement pratiquées, il se peut que toutes les dettes ne soient pas payées encore. Saint Augustin le craignait pour sa mère, sa mère si fidèle, si pure, si riche en bonnes œuvres, sa mère, dont il nous a raconté luimême la sainte vie. Ah ! écrivait-il dans ses confessions, « je » tremble à la pensée des périls de toute âme morte en Adam. » Quoique depuis le jour où le baptême l'avait régénérée, elle » ait procuré la gloire de votre nom, ô mon Dieu, par sa foi et » sa sainte vie, je n'oserais pas dire qu'il n'ait échappé à ses

» lèvres aucune parole contre votre loi. Hélas! malheur à la vie
» la plus recommandable si vous l'examinez sans miséricorde.
» C'est pourquoi, ô Dieu de mon cœur, ma gloire et ma vie,
» écartant pour un moment la pensée des bonnes actions de ma
» mère, je vous supplie de lui pardonner ses péchés. Exaucez-
» moi par celui qui a bien voulu être suspendu à la croix pour
» guérir nos blessures, et qui, aujourd'hui, assis à votre droite,
» intercède pour nous. Je sais les œuvres de miséricorde de
» ma mère; je sais qu'elle a pardonné à tous ceux qui l'avaient
» offensée; remettez-lui à elle-même ses dettes, si elle en a
» contracté depuis qu'elle a été plongée dans l'eau du salut.
» Pardonnez, Seigneur, pardonnez; n'entrez pas en jugement
» avec votre servante.

» Inspirez, ô mon Dieu, inspirez à vos serviteurs, mes frères
» par le baptême, mes enfants par le ministère que j'exerce
» auprès d'eux, mes maîtres au service desquels j'ai mis ma voix,
» mon cœur et ma plume, inspirez à tous ceux qui liront ces
» lignes de se souvenir, devant votre autel, de Monique, votre
» servante, et de Patricius, qui fut son époux et mon père. »

Si celle qui enfanta Augustin à la grâce par ses prières et par
ses larmes a été pour son fils, pour l'admirateur de sa piété,
l'objet d'une si tendre, d'une si vive sollicitude, n'est-il pas juste
que nous témoignions à notre cher défunt le même empresse-
ment à le soulager par nos saints sacrifices, le même zèle à lui
assurer les suffrages de toutes les âmes ferventes, nous qui ne
sommes, en le louant, ni des oracles aussi sûrs, ni des avocats
aussi puissants que le Docteur de la grâce?

Population si loyale et si fidèle de Torfou, au milieu de vous
va reposer la dépouille mortelle de votre bienfaiteur et de votre
ami. Il a choisi lui-même cette sépulture la plus conforme aux
sentiments de toute sa vie. Il tenait à votre souvenir. Nulle part,
ce semble, autant de paix n'eût entouré sa tombe. Vous lui mon-
trerez qu'il vous a bien jugés. Chaque fois que vos yeux contem-
pleront la pierre qui le recouvre, votre cœur plus encore que
votre bouche exprimera le vœu de saint Augustin. Vous deman-
derez la pleine délivrance de celui qui vous fut si constamment
dévoué. Vous rappellerez à vos enfants, comme la dette d'une

reconnaissance impérissable, le culte de sa mémoire et le soin de prier pour lui.

Mais en vous rappelant son nom, songez moins encore à ce qu'il fut par le rang qu'à ce qu'il fut par sa vertu ; car c'est là tout ce qui reste. Fortune, grandeur, félicité, tout vient se briser au tombeau, tout périt et disparaît. Le bien seul qu'on a fait demeure pour l'homme obscur comme pour les plus haut placés. Faites donc le bien. Amassez des trésors pour le ciel. Au terme d'une vie sainte, si l'éclat de cette pompe funèbre n'entoure pas votre cercueil, si aucune voix ne s'élève pour célébrer vos vertus, les anges, du moins, conduiront vos âmes devant le trône de la miséricorde, et le divin Juge ouvrira devant vous les portes de l'éternelle félicité en vous disant : *Venez, les bénis de mon père, possédez le royaume qui vous a été préparé dès le commencement.* Ainsi soit-il.

Nantes, Imp. de Vᵉ C. Mellinet, place du Pilori, 5.

www.ingramcontent.com/pod-product-compliance
Lightning Source LLC
LaVergne TN
LVHW010111060726
842524LV00006B/2445